Splasher le Pingouin :
Une aventure en Antarctique

Par Christine & Olivia Leger

Splasher le pingouin vivait dans la région subpolaire du Biodôme de Montréal. C'était le milieu de l'hiver et il fesait aussi froid dehors qu'à l'intérieur du biodôme. Chaque soir, les parents de Splasher racontaient comment était avant d'arriver au Biodôme.

Sa mère et son père ont été blessés lors d'une attaque d'orque et secourus par des chercheurs de l'Antarctique. Ils ont appris à Splasher comment plonger dans l'eau pour pêcher, glisser sur les collines et comment la colonie se rassemblait en cercle pour se réchauffer lorsque le vent soufflait.

Un soir, à l'heure du coucher, Splasher a décidé qu'il voulait visiter La Nature. Il a demandé à ses parents de l'y emmener pour son prochain anniversaire.

"La nature est trop dangereuse pour un pingouin comme toi. Tu ne savais pas comment pêcher ni échapper les prédateurs. Tu ne sais pas comment froids il est dans les champs de glace et neige. C'est beaucoup plus sûr ici, au biodôme." Splasher a passé toute la nuit à créer un plan. Si ses parents ne veulent pas l'emmener dans la nature, il devra le faire lui-même.

Pendant des mois, Splasher a regardé les entraîneurs du Biodôme entrer et sortir par une porte secrète. C'est là qu'il s'échapperait. Une fois que tous les visiteurs furent partis pour la soirée, Splasher grimpé le côté du mur de glace. A la porte, il utilisa ses pieds pour l'ouvrir.

Lorsque la porte s'est ouverte, il a fait un grand bruit et les lumières ont commencé à clignoter. Splasher a entendu des voix venant du bout du corridor. Les entraîneurs savaient que quelque chose n'allait pas avec la porte et couraient vers elle. Splasher a couru dans l'autre directions. Il ne savait pas où il allait mais il savait que ce n'était pas là que son voyage se terminait.

Les entraîneurs l'ont poursuivi dans le corridor. Splasher sauta par-dessus les cartons et plongée sous les tables. Il a vu un fenêtre ouverte et saute à travers.

Splasher savait que les macareux dans son enclos étaient capables de voler et ils lui ressemblaient. Il pensait pouvoir voler par la fenêtre comme les macareux.

Splasher est tombé directement dans un énorme tas de neige.
"Hein." dit Splasher.
"Peut-être que les pingouins ne peux pas voler, zut alors."

Il y avait une grosse tempête de neige dehors. Quand les entraîneurs ont finalement arriver à la fenêtre, Splasher était déjà enterrer dans la neige et ne pouvait pas être trouvé nulle part.

Avant qu'ils aient eu la chance de l'attraper, Splasher a commencé à marcher. Il savait qu'il lui devait se rendre à l'aéroport pour voyager a l'Antarctique. Si Splasher ne pouvait pas voler, il devrait trouver un moyen de s'y rendre autrement.

8

Splasher a commencé à marcher sur la route, est il commençait à être fatigué. Marcher sur la route enneigée était très fatiguant. Finalement, Splasher a tombé sur une roche et atterri sur le ventre. Il a glissé sur la route et allait beaucoup plus vite qu'en marchant. "Hein!" dit Splasher. "Je pense que les pingouins se déplacent beaucoup plus vite en glissant sur le ventre."

D'après toutes les histoires que ses parents lui racontaient quand il était enfant, Splasher savait que le seul moyen d'arriver au pôle Sud était de traverser vers l'Argentine et de prendre un bateau pour l'Antarctique.

Après tout, c'est ainsi que les chercheurs les ont amenés à Montréal. Splasher s'est donc dirigé vers l'aéroport et a trouvé la bonne porte pour l'Argentine.

Splasher a dépassé le guichet des humains et s'est marcher vers la zone de chargement des animaux.

Splasher a trouvé un chaton appelé Bonnie dans sa cage de transport. Elle pleurait et voulait sortir de sa petit cage froid. Splasher l'a aidée à ouvrir la petite porte et à libérer Bonnie. Bonnie a remercié Splasher et s'est enfuie de l'aéroport. De toute façon, elle ne voulait pas voler.

Avec un transporteur vide et un billet prépayé pour l'Argentine, Splasher est monté dans le transporteur et s'installer confortablement. Les porte-bagages ont mis tous les animaux dans l'avion et Splasher s'est rapidement endormi.

Splasher ne s'est réveillé que lorsque l'avion a atterri. Il avait hâte de sortir du petit cage. "Peut-être que Bonnie a eu la bonne idée. Ce n'est pas une façon de voyager!"

La mère humaine de Bonnie, Olivia, est venue à la zone de prise en charge pour retrouver son petit chaton. Olivia a trouvé son porteur, visible par un beau cœur rose sur le côté. Olivia a pris le transporteur, "Oh Bonnie, chérie. Vous êtes plus lourd que d'habitude…" Olivia a retourné le petit porteur pour se retrouver face à face avec SPLASHER !

"AHHH !!!" a crié Olivia.
"AHHHHH!" Splasher cria en retour.

Olivia a laissé tomber la cage de transport et la porte s'est ouverte. Splasher s'est enfui aussi vite qu'il a pu, évitant les touristes et leurs gros valises.

Finalement, Splasher a trouvé le bus qui l'emmènerait au navire The Ocean Endeavour. Il s'est caché derrière une valise de touriste et a sauté dans le bus.

Après 2 jours en mer, The Ocean Endeavour arrive enfin en Antarctique. Splasher a sauté du bateau sur une coulée de glace et s'est flotté doucement vers le continent.

La première chose que Splasher a remarqué, c'est qu'il faisait beaucoup plus froid ici qu'au Biodôme. Il ne faisait pas trop froid pour lui, à cause de ses plumes épaisses et grasses, mais il faisait froid.

Il n'avait pas mangé de poisson depuis le biodôme, et les collations de Bonnie n'étaient pas aussi délicieuses que Bonnie a dit. Splasher commençait d'avoir faim.

Sans les entraîneurs, Splasher s'est rendu compte que personne n'allait lui donner des seaux remplis de poissons. Il regarda autour. Il n'a vu que de la glace, de la neige et l'eaux froides de l'Antarctique.

Un poisson sauta soudain hors de l'eau. "Hein!" dit Splasher. "Je pense que les poissons vivent dans l'eau."

Splasher a pris un bon départ et a glissé sur la glace. Il a plongé du côté de la falaise et directement dans l'eau.

Brr. L'eau est beaucoup plus froide que du Biodôme. Splasher a nagé. Il a vu des poissons et a essayé de nager après eux mais ils étaient juste un peu trop rapides pour lui. Splasher commençait à se fatiguer. Il n'a jamais eu à travailler aussi dur pour attraper du poisson au Biodôme.

Splasher a attrapé 2 poissons avant qu'un grand groupe de poissons a passé devant lui. Rapidement.

Splasher regarda autour de lui et veux un monstre-de-mer géant nager vers lui. Sa bouche était pleine de dents géantes. Son corps était noir et blanc, tout comme lui. Mais ce monstre n'était pas un pingouin!

Le monstre a chaser Splasher en rond jusqu'à ce qu'il arrive à un iceberg. Splasher a utilisé ses dernières forces pour sauter hors de l'eau et sur l'iceberg. Le monstre faisait le tour de l'iceberg mais il n'avait pas de pieds. Il ne pouvait pas monter sur l'iceberg pour poursuivre Splasher. Il était en sécurité.

Le monstre a finalement quitté l'iceberg et a continué à chasser le poisson. Sa ne pas pris longs pour Splasher a entendre des bruits de l'autre côté de l'iceberg.

Le bruit a continuer d'etre plus proche. Ils ressemblaient à des pingouins, mais ils étaient beaucoup plus grands que lui. Et leurs becs étaient plus longs.

Les Pengouins ont félicité Splasher pour avoir échappé l'attaque d'Orca. "Hein!" dit Splasher. "Le monstre-de-mer est une orque? C'est ce qui a attaqué mes parents. Il mange des pingouins."

Splasher a passé une semaine avec la colonie de Pingouins Empereurs. Il a découvert qu'ils s'appelle un Pingouins Royal. Les Pingouins Royal aiment passer la plupart de leur temps sur les îles d'Amérique du Sud et sont beaucoup plus petits que les Pingouins Empereurs.

Splasher ne pouvait pas dormir car il n'y avait pas de matelas de neige confortables. Il y avait trop de lumière du soleil quand il est supposer de faire nuit, les prédateurs étaient partout et attaquaient sans prévenir, et il faisait beaucoup trop froid. Même pour un pingouin.
Il était miserable.

Splasher a décidé de dire au revoir à ses nouveaux amis et de retourner au Biodôme. C'était plus sûr là-bas et plus chaud. Et les humains vous donnent du poisson sans avoir à le chasser.

Splasher a convaincu deux de ses amis de l'accompagner ; Colette et Jacques.

Splasher et ses amis ont commencer leur voyager par retournés à The Ocean Endeavour. Le bateau les a ramenés en Argentine où Splasher a montré à ses amis comment se cacher et prendre le bus pour aller à l'aéroport.

Splasher les a emmenés dans la section des transporteurs d'animaux et a vu 3 animaux qui pleuraient. Leurs cages semblaient toutes familières; un coeur rose sur le côté.

Après un vol long, les Pingouins sont arrivés à Montréal. Splasher et ses amis ont traversé les rues de Montréal, noirs et enneigés, jusqu'à la porte d'entrée du Biodôme.

Splasher a frappé et frappé la porte mais il n'y a eu pas de réponse. Alors ils ont attendu tous patiemment devant la porte d'entrée. Au moins, il ne faisait pas aussi froid que l'Antarctique.

Les entraîneurs sont arrivés le matin avec une merveilleuse surprise ! Leur magnifique Splasher était de retour et il avait deux nouveaux amis pour la région subpolaire

Splashers a raconté son aventure incroyable à sa famille et à ses amis et tout ce qu'il avait appris. Il a promis qu'il ne voudrait plus jamais faire ça. Après tout, la vie est bien meilleure au biodôme.

www.ingramcontent.com/pod-product-compliance
Lightning Source LLC
Chambersburg PA
CBHW042127040426
42450CB00002B/96